TypeScritp Essentials

Paso a Paso

Jesús Quintana Esquiliche

Primera edición:
[Diciembre y 2024]

Todos los derechos reservados. Este libro no puede ser reproducido, distribuido ni transmitido de ninguna forma ni por ningún medio, ya sea electrónico, mecánico, mediante fotocopias, grabaciones u otros métodos, sin la previa autorización escrita del titular del copyright, excepto en los casos de citas breves incluidas en reseñas críticas o artículos académicos.

ISBN:
9798304039147]

Contacto:
jesquiliche@hotmail.com

www.codemaster.blog

Índice

Introducción...12
  ¿Qué es Prescriptor?...12
    Breve historia y evolución de JavaScript...............12
    Limitaciones de JavaScript que resuelve TypeScript. 13
    Ventajas de usar TypeScript.................................14
    Proyectos de grandes empresas que utilizan
        TypeScript...15
    ¿Quién debería leer este libro?.............................15
    Cómo usar este libro..16
Capítulo 1: Instalación y preparación del entorno 18
  Instalación y configuración inicial.............................18
    1.1. Instalar Node.js y TypeScript..........................18
    Inicializar un Proyecto Node.js.............................18
    Instalar TypeScript..19
    Verificar la Instalación...19
    Configurar TypeScript..19
    Escribir y Compilar Código TypeScript...................19
    Opcional: Ejecutar TypeScript Directamente con ts-
        node..20
    1.3. Diferencia entre compilar TypeScript y ejecutar
        JavaScript..20
    2. Instalar Visual Studio Code...............................20
    Windows..21

macOS..21

Linux (Ubuntu/Debian)..22

Instalar extensiones...22

Capítulo 2: Tipos Básicos y Sintaxis........................24

Objetivo del Capítulo...24
2.1. Tipos Primitivos..24

Tipos Principales:...24

Inferencia de Tipos en TypeScript...........................25

Ejercicio 1: Tipos Primitivos....................................26

2.2. Tipos Compuestos..26

Arrays..26

Tuplas..26

Tipos Literales...27

readonly en Arrays...27

Ejercicio 2: Arrays y Tuplas....................................27

2.3. Tipos Especiales: any, unknown, never............27

any..28

unknown..28

never...28

Ejercicio 3: any vs unknown...................................28

2.4. Tipos de Funciones..29

Declaración de Tipos en Funciones........................29

Funciones como Tipos..29

Parámetros Opcionales y Valores por Defecto.........29

Parámetros Rest..30

Ejercicio 4: Funciones..30
Conclusión:..**30**
Capítulo 3: Interfaces y Tipos Avanzados.............**32**

Objetivo del Capítulo..**32**
3.1. Introducción a las Interfaces..........................**32**
Definición de Interfaces..32
Uso de Interfaces..32
Extender Interfaces..33
Ejercicio 1: Crear una Interfaz..........................**33**
3.2. Tipos Avanzados..**34**
Uniones de Tipos..34
Intersecciones de Tipos..34
Ejercicio 2: Intersección de Tipos..........................**34**
3.3. Tipos Genéricos..**35**
Definición de Funciones Genéricas..........................35
Uso de Genéricos en Clases..35
Genéricos en Interfaces..35
Ejercicio 3: Clase Genérica..**36**
3.4. Enums..**36**
Definición de Enums..36
Uso de Enums..37
Enums con Valores Personalizados..........................37
Ejemplo Avanzado de Enums..37
Ejercicio 4: Uso de Enums..**38**
3.5. Uso de Módulos y Espacios de Nombres..........**38**
Definición de Módulo..39

Importación de Módulo..39

Espacios de Nombres..39

Ejemplo de Espacios de Nombres...............................39

Ejercicio 5: Módulos y Espacios de Nombres..........40

Conclusión del Capítulo 3..40

Capítulo 4: Programación Orientada a Objetos (OOP) en TypeScript..42

Objetivo del Capítulo..42

4.1. Introducción a la Programación Orientada a Objetos..42

4.2. Clases y Objetos..43

Definición de una Clase..43

Creación de Objetos..43

4.3. Métodos Públicos y Privados..............................44

Ejemplo de Métodos Públicos y Privados....................45

4.4. Encapsulamiento..45

4.5. Getters y Setters..46

4.6. Herencia..48

4.7. Sobrescritura del Constructor............................50

4.8. Polimorfismo..51

4.9. Clases Abstractas..52

Ejemplo de Clase Abstracta..53

4.10. Ejemplo Completo: Sistema de Gestión de Usuarios..53

4.11. Consideraciones Finales sobre OOP en TypeScript..55

Conclusión del Capítulo 4..55

Capítulo 5: Decoradores en TypeScript..................58

5.1. ¿Qué son los decoradores?..............................58
Ejemplo simple de un decorador..............................59
5.2. Habilitar decoradores en TypeScript..................59
5.3. Tipos de Decoradores..60
5.3.1. Decoradores de Clase..60

5.3.2. Decoradores de Método..61

5.3.3. Decoradores de Propiedad......................................61

5.3.4. Decoradores de Parámetro.....................................62
5.4. Ejemplos prácticos de uso de decoradores......63
5.5. Composición de decoradores............................64
5.6. Consideraciones de rendimiento y mejores prácticas..65

Capítulo 6: Manejo de Errores y Configuración en TypeScript...68

6.1. Manejo de Errores en TypeScript........................68
6.1.1. Manejo básico de errores con try...catch............68

6.1.2. Tipos personalizados de errores..........................69

6.1.3. Errores en Promesas y código asíncrono............70
6.2. Configuración con tsconfig.json........................71
6.2.1. Estructura básica del archivo tsconfig.json........71

6.2.2. Opciones comunes en tsconfig.json....................72

6.2.3. Combinando opciones avanzadas.......................73

6.2.4. Modo estricto en TypeScript.................................74
6.3. Debugging en TypeScript.....................................74
6.3.1. Uso de Source Maps...74

6.3.2. Depuración en Visual Studio Code......................75

Capítulo 7: Integración de TypeScript con Next.js y Prisma utilizando App Router..............78

7.1. Creación de una API con Next.js y TypeScript. 78
Ejemplo de API GET:...78
Ejemplo de API POST:..79

7.2. Tipado de datos en Next.js................................79
Definición de Tipo:..79
Uso del Tipo en la API:..80

7.3. Configuración de Prisma en un Proyecto TypeScript..80
Pasos de Configuración:.......................................80

7.4. Definición de Modelos en Prisma con TypeScript 81
Ejemplo de Uso del Cliente Prisma:......................81

7.5. Ejecución de Consultas Tipadas en Prisma......82
Consulta con Prisma:..82

7.6. Operaciones CRUD con Prisma.......................82
Paso 1: Crear Endpoints CRUD............................82
Conclusión del Capítulo..84

Capítulo 8: TypeScript en React...............................86

8.1. Introducción a TypeScript en React..................86
8.2. Configuración del Proyecto..............................86
8.3. Tipado de Componentes..................................86
8.4. Estado y Props Tipados...................................87
8.5. Manejo de Eventos..88

8.6. Ejemplo Práctico: Formulario con Varios Campos..88

Conclusión...91

TypeScript Essentials

TypeScript Essentials

Introducción

¿Qué es TypeScript?

Breve historia y evolución de JavaScript

JavaScript nació en 1995 como un lenguaje de scripting simple para navegadores web. Inicialmente, su propósito era añadir interactividad a las páginas HTML, pero con el tiempo su uso se extendió enormemente, convirtiéndose en el lenguaje dominante del desarrollo web. Sin embargo, a medida que las aplicaciones web se volvieron más complejas, comenzaron a surgir las limitaciones inherentes de JavaScript.

JavaScript es un lenguaje dinámico y flexible, pero carece de muchas características que otros lenguajes de programación, más estructurados y tipados, ofrecen. Esto llevó a que los desarrolladores enfrentaran problemas en proyectos grandes y de larga duración, donde los errores de tipado, la falta de herramientas de desarrollo robustas y la dificultad de mantener el código se volvieron una barrera importante para el crecimiento de aplicaciones web.

Fue en 2012 cuando Microsoft lanzó **TypeScript**, un superconjunto de JavaScript que añadía características clave, como el tipado estático, y ofrecía una mayor previsibilidad en tiempo de desarrollo. Con TypeScript, el código JavaScript aún se puede escribir, pero con la ventaja de poder aprovechar las nuevas herramientas y funcionalidades, que han ayudado a mitigar las principales limitaciones de JavaScript

Limitaciones de JavaScript que resuelve TypeScript

1. Falta de Tipado Estático: - **JavaScript** es un lenguaje dinámico, lo que significa que las variables pueden cambiar de tipo durante la ejecución. Esto puede causar errores difíciles de detectar. - **TypeScript**, al agregar un sistema de tipos estáticos, permite detectar errores en tiempo de compilación, mejorando la seguridad y la claridad del código.

2. Escalabilidad en Proyectos Grandes: - **JavaScript** tiende a volverse complicado a medida que los proyectos crecen. La falta de un sistema de tipos fuerte y la dependencia de la interpretación en tiempo de ejecución hacen que sea difícil mantener grandes bases de código. - **TypeScript** permite una mejor organización de los proyectos grandes gracias al tipado, el uso de interfaces, la modularidad y las herramientas de desarrollo robustas que se integran fácilmente.

3. Herramientas de Desarrollo Limitadas: - Sin un sistema de tipos, los editores de código y las herramientas como autocompletar o validación son menos eficientes en **JavaScript**. - **TypeScript** habilita herramientas como IntelliSense, que proporciona autocompletar y sugerencias contextuales, lo que mejora drásticamente la experiencia de desarrollo.

4. Pobre Mantenibilidad: - A medida que crecen las aplicaciones de **JavaScript**, mantener el código se vuelve una tarea difícil debido a la flexibilidad que permite cambiar tipos, funciones y variables sin advertencias. - **TypeScript** hace que el código sea más legible y mantenible a largo plazo, ya que define reglas claras sobre cómo deben ser usadas las variables y los tipos de datos.

Ventajas de usar TypeScript

1. Seguridad en tiempo de compilación: TypeScript ofrece una capa de seguridad adicional mediante la verificación de tipos en tiempo de compilación. Esto ayuda a prevenir errores comunes como el uso incorrecto de tipos, que de otra manera solo se descubrirían en tiempo de ejecución.

2. Mantenibilidad: Con un sistema de tipado estático, TypeScript permite a los desarrolladores comprender y mantener fácilmente grandes bases de código. Además, facilita la identificación de errores en el código antes de que llegue a producción, lo que reduce los costos de mantenimiento a largo plazo.

3. Tipado estático: El tipado estático en TypeScript permite a los desarrolladores especificar explícitamente el tipo de datos de una variable, función o parámetro. Esto resulta en una mayor claridad y seguridad en el código, evitando errores relacionados con la conversión de tipos.

4. Mejores herramientas de desarrollo: Gracias al sistema de tipos, los IDEs como Visual Studio Code pueden ofrecer autocompletado, refactorización, sugerencias y análisis de código mucho más potentes en TypeScript. Esto aumenta la productividad del desarrollador y reduce el margen de error.

5. Compatibilidad con JavaScript: TypeScript es un superconjunto estricto de JavaScript, lo que significa que todo el código JavaScript válido es también código TypeScript. Esto facilita la adopción progresiva en proyectos existentes, ya que se puede introducir de manera incremental sin necesidad de reescribir todo el código base.

Proyectos de grandes empresas que utilizan TypeScript

Desde su creación, TypeScript ha sido adoptado por muchas empresas de renombre mundial para sus proyectos de gran envergadura, debido a sus beneficios en términos de escalabilidad y seguridad en el código. Algunas de las empresas que usan TypeScript incluyen:

- **Microsoft**: Como los creadores de TypeScript, es lógico que Microsoft lo use extensamente en proyectos como Visual Studio Code, uno de los editores más populares entre desarrolladores.
- **Google**: Angular, el popular framework de desarrollo frontend, fue reescrito completamente en TypeScript para aprovechar las ventajas del tipado y la escalabilidad.
- **Airbnb**: Usa TypeScript en muchos de sus servicios para mejorar la mantenibilidad y la seguridad de su código.
- **Slack**: Ha migrado su aplicación web a TypeScript para mejorar la calidad y la estabilidad de su plataforma.
- **Asana**: Un ejemplo de empresa que adopta TypeScript para grandes aplicaciones colaborativas con miles de usuarios.

¿Quién debería leer este libro?

1. Desarrolladores JavaScript que desean llevar sus habilidades al siguiente nivel: Si ya tienes experiencia con JavaScript y buscas mejorar la calidad de tu código, TypeScript es el siguiente paso natural. Este libro te guiará a través del proceso de aprendizaje y aplicación de TypeScript en proyectos reales.

2. Equipos que buscan mejorar la calidad de su código y prevenir errores comunes: Las ventajas de TypeScript se amplifican en proyectos colaborativos. Los equipos que lo adoptan pueden disfrutar de una mejor colaboración, reducción de errores y bases de código más legibles y mantenibles.

3. Programadores que trabajan en grandes proyectos o proyectos colaborativos: Los proyectos grandes requieren soluciones que aseguren la estabilidad y escalabilidad. TypeScript permite gestionar mejor estos proyectos, evitando sorpresas en producción y facilitando la integración de nuevas funcionalidades.

Cómo usar este libro

Requisitos previos: - Se recomienda tener conocimientos básicos de **JavaScript** antes de comenzar con TypeScript. Entender cómo funcionan las variables, funciones y objetos en JavaScript te proporcionará una base sólida para aprender TypeScript sin dificultades.

Herramientas recomendadas: - **Node.js**: Necesitarás tener instalado Node.js para compilar y ejecutar TypeScript en tu entorno de desarrollo local. - **Visual Studio Code**: Aunque puedes usar cualquier editor de texto, Visual Studio Code ofrece una experiencia optimizada para TypeScript, con soporte nativo para IntelliSense, depuración y muchas otras herramientas útiles.

Este libro está diseñado para que puedas avanzar progresivamente, aplicando lo que aprendes en ejercicios prácticos y ejemplos de proyectos reales.

Capítulo 1: Instalación y preparación del entorno

Instalación y configuración inicial

Comencemos con los pasos para preparar tu entorno de desarrollo con TypeScript. TypeScript es un superconjunto de JavaScript, lo que significa que cualquier código JavaScript válido es también válido en TypeScript. Sin embargo, a medida que introducimos nuevas características de tipado y herramientas, necesitamos preparar un entorno que pueda gestionar estos cambios.

1.1. Instalar Node.js y TypeScript

Primero, necesitamos instalar **Node.js**, que es un entorno de ejecución de JavaScript del lado del servidor, y luego instalaremos **TypeScript** para habilitar el desarrollo tipado.

Paso 1: Instalar Node.js Descripción de la imagen - Dirígete a nodejs.org y descarga la última versión estable. - Sigue las instrucciones de instalación específicas para tu sistema operativo. - Para verificar la instalación de Node.js y su gestor de paquetes npm, abre tu terminal o línea de comandos y ejecuta: bash   node -v   npm -v Deberías ver las versiones de Node.js y npm instaladas.

Paso 2: Instalar TypeScript Para instalar TypeScript en un entorno Node.js, puedes seguir los siguientes pasos:

Inicializar un Proyecto Node.js

Una vez que tengas Node.js instalado, debes inicializar un proyecto. Esto creará un archivo `package.json` que almacenará información sobre las dependencias y scripts del proyecto.

```
npm init -y
```

Instalar TypeScript

Ahora puedes instalar TypeScript como una dependencia de desarrollo utilizando npm o yarn.

Con npm:

```
npm install typescript --save-dev
```

Con yarn:

```
yarn add typescript --dev
```

Verificar la Instalación

Una vez instalado, puedes verificar que TypeScript está instalado correctamente ejecutando el siguiente comando en la terminal:

```
npx tsc --version
```

Este comando debería mostrar la versión de TypeScript que acabas de instalar.

Configurar TypeScript

Es recomendable crear un archivo de configuración de TypeScript (`tsconfig.json`) en la raíz del proyecto para personalizar las opciones de compilación.

Puedes crear este archivo manualmente o generarlo con el siguiente comando:

```
npx tsc --init
```

Esto creará un archivo `tsconfig.json` con las opciones de configuración básicas.

Escribir y Compilar Código TypeScript

Ahora puedes empezar a escribir código TypeScript en archivos con la extensión `.ts`.

Por ejemplo, crea un archivo `index.ts`:

```
const greeting: string = "Hello, TypeScript!";
console.log(greeting);
```

Para compilar el archivo TypeScript a JavaScript, ejecuta:

```
npx tsc
```

Esto generará un archivo `index.js` que se puede ejecutar con Node.js:

```
node index.js
```

Opcional: Ejecutar TypeScript Directamente con ts-node

Si no quieres compilar manualmente cada vez que ejecutes un archivo .ts, puedes instalar ts-node, que permite ejecutar código TypeScript directamente.

```
npm install ts-node --save-dev
```

Luego, puedes ejecutar un archivo TypeScript de esta forma:

```
npx ts-node index.ts
```

1.3. Diferencia entre compilar TypeScript y ejecutar JavaScript

Una de las características distintivas de TypeScript es que **debe ser compilado** antes de que pueda ejecutarse. El compilador tsc convierte los archivos .ts en archivos .js que luego se pueden ejecutar en cualquier entorno que soporte JavaScript, como navegadores web o Node.js.

- **Compilación de TypeScript a JavaScript**: Para compilar tus archivos .ts, simplemente ejecuta el siguiente comando:

  ```
  tsc
  ```

  Esto generará archivos .js que serán equivalentes a los archivos .ts que has escrito.

- **Ejecución de JavaScript**: Una vez que hayas compilado el código TypeScript, puedes ejecutar el archivo JavaScript generado con Node.js:

  ```
  node dist/index.js
  ```

Ventaja de TypeScript sobre JavaScript: TypeScript ofrece **tipado estático y validación en tiempo de desarrollo**, lo que significa que puedes detectar errores en el código antes de ejecutarlo, algo que no es posible en JavaScript puro.

2. Instalar Visual Studio Code

Para instalar Visual Studio Code (VS Code), sigue estos pasos según tu sistema operativo:

Windows

1. **Descargar el instalador**:
   - Ve al sitio oficial de Visual Studio Code: https://code.visualstudio.com/.
   - Haz clic en el botón **Download for Windows** para descargar el instalador `.exe`.
2. **Instalar VS Code**:
   - Una vez descargado, abre el archivo `.exe` y sigue las instrucciones del asistente de instalación.
   - Acepta los términos y condiciones, selecciona el directorio de instalación y marca las casillas para crear accesos directos, agregar VS Code al **PATH**, y otras opciones útiles como abrir archivos con VS Code desde el menú contextual.
3. **Abrir Visual Studio Code**:
   - Una vez completada la instalación, puedes abrir VS Code desde el menú de inicio o buscando "Visual Studio Code".

macOS

1. **Descargar el instalador**:
   - Ve al sitio oficial: https://code.visualstudio.com/.
   - Haz clic en **Download for macOS** para descargar el archivo `.zip`.
2. **Instalar VS Code**:
   - Abre el archivo `.zip`, y una vez extraído, arrastra el icono de **Visual Studio Code** a la carpeta `Applications`.
3. **Agregar VS Code al PATH** (opcional):
   - Abre VS Code, luego presiona `Cmd + Shift + P` para abrir la paleta de comandos.
   - Escribe `Shell Command: Install 'code' command in PATH` y presiona `Enter`. Esto te permitirá abrir VS Code desde la terminal con el comando `code`.

Linux (Ubuntu/Debian)

1. **Descargar e instalar**:
   - Abre una terminal y ejecuta los siguientes comandos:

```
sudo apt update
sudo apt install software-properties-common apt-transport-https wget
wget -q https://packages.microsoft.com/keys/microsoft.asc -O- | sudo apt-key add -
sudo add-apt-repository "deb [arch=amd64] https://packages.microsoft.com/repos/vscode stable main"
sudo apt update
sudo apt install code
```

2. **Abrir VS Code**:
   - Después de instalar, puedes abrir VS Code ejecutando el comando code en la terminal o buscándolo en el menú de aplicaciones.

Instalar extensiones

Una vez que VS Code esté instalado, puedes buscar e instalar extensiones útiles (como la extensión para **TypeScript** o **ESLint**):

1. Abre **Visual Studio Code**.
2. Presiona `Ctrl + Shift + X` o haz clic en el icono de extensiones en la barra lateral.
3. Busca la extensión que necesitas e instálala.

¡Y ya estarías listo para usar Visual Studio Code!

Capítulo 2: Tipos Básicos y Sintaxis

Objetivo del Capítulo

Al finalizar este módulo, los lectores serán capaces de comprender y utilizar los tipos básicos de TypeScript, manejar correctamente la inferencia de tipos y aplicar estos fundamentos en la creación de estructuras de datos más complejas. Este módulo sentará las bases para avanzar hacia conceptos más avanzados, como tipos generics, interfaces y clases.

2.1. Tipos Primitivos

Los tipos primitivos en TypeScript son los bloques fundamentales para la declaración de variables. Estos tipos son similares a los de JavaScript, pero TypeScript proporciona un sistema de tipos más fuerte que permite una mayor seguridad y robustez en el código.

Tipos Principales:

- **string** Utilizado para almacenar cadenas de texto. TypeScript asegura que cualquier variable declarada con este tipo solo contenga texto.

```typescript
let saludo: string = "Hola Mundo";
let nombre: string = 'Juan Pérez';
let mensaje: string = `Hola, ${nombre}, ¿cómo estás?`; // Uso de plantillas literales
```

- **number** En TypeScript, el tipo number se utiliza tanto para enteros como para decimales. No hay distinción entre ambos.
  ```
  let edad: number = 25;              // Número entero
  let temperatura: number = 36.5;     // Número decimal
  let hex: number = 0xff;             // Valor hexadecimal
  let bin: number = 0b1010;           // Valor binario
  let octal: number = 0o744;          // Valor octal
  ```
- **boolean** Se utiliza para almacenar valores de verdadero o falso (true o false).
  ```
  let esEstudiante: boolean = true;
  let tieneLicencia: boolean = false;
  ```
- **null y undefined** Estos dos tipos representan la ausencia de valor. null es un valor explícito de "vacío", mientras que undefined indica que una variable ha sido declarada pero aún no tiene un valor asignado.
  ```
  let valorNulo: null = null;
  let valorIndefinido: undefined = undefined;
  ```

Inferencia de Tipos en TypeScript

TypeScript puede inferir el tipo de una variable basándose en el valor inicial que se le asigna. Esto significa que no siempre necesitas declarar el tipo explícitamente, aunque es recomendable para mantener la claridad del código.

```
let mensaje = "Hola TypeScript";   // TypeScript infiere que 'mensaje' es un string
mensaje = 42;   // Error: TypeScript no permite cambiar de string a number
```

Ventajas de la Inferencia de Tipos: - Reducción de código: No es necesario especificar el tipo manualmente en todos los casos. - **Flexibilidad:** Permite un desarrollo más ágil sin perder la seguridad de tipos.

Ejercicio 1: Tipos Primitivos

Crea un código donde declares variables de cada uno de los tipos primitivos. Luego, intenta asignar valores de tipos incorrectos a esas variables para observar cómo TypeScript detecta estos errores antes de ejecutar el programa.

2.2. Tipos Compuestos

TypeScript también admite tipos más complejos que permiten almacenar colecciones de datos o estructurar información de maneras más avanzadas. Los dos tipos compuestos más comunes son los **arrays** y las **tuplas**.

Arrays

Un **array** es una colección de elementos del mismo tipo. En TypeScript, los arrays se pueden declarar de manera explícita:

```typescript
let numeros: number[] = [1, 2, 3, 4, 5]; // Array de números
let palabras: string[] = ["manzana", "banana", "naranja"]; // Array de cadenas
```

Otra forma de definir arrays es utilizando el tipo genérico Array<tipo>:

```typescript
let otrosNumeros: Array<number> = [10, 20, 30];
```

Acceso y Modificación de Arrays: Puedes acceder a los elementos del array utilizando su índice y modificarlos de manera segura:

```typescript
numeros[0] = 99; // Cambia el primer elemento
palabras.push("uva"); // Agrega un nuevo elemento al final
```

Tuplas

Las **tuplas** permiten definir un array donde cada posición tiene un tipo específico. Esto es útil para almacenar datos estructurados que tienen un número fijo de elementos.

```typescript
let coordenadas: [number, number] = [40.7128, -74.0060];
// Tupla con dos números
let persona: [string, number] = ["Juan", 30]; // Tupla con un string y un número
```

En las tuplas, debes respetar tanto el número de elementos como los tipos de cada uno de ellos.

Tipos Literales

En TypeScript, los **tipos literales** permiten restringir una variable a un conjunto limitado de valores:

```typescript
let direccion: "norte" | "sur" | "este" | "oeste"; // Solo puede tomar estos valores
direccion = "norte";   // Válido
direccion = "arriba";  // Error: no es uno de los valores permitidos
```

Esto es útil cuando deseas que una variable solo pueda tomar un conjunto predefinido de valores.

`readonly` en Arrays

Si deseas evitar que se modifique un array después de haber sido creado, puedes usar el modificador `readonly`:

```typescript
let numerosFijos: readonly number[] = [1, 2, 3];
numerosFijos.push(4); // Error: no se puede modificar un array readonly
```

Ejercicio 2: Arrays y Tuplas

Crea un array de nombres de tipo `string` que no permita modificar sus elementos. Luego, declara una tupla que represente el nombre de una persona y su edad.

2.3. Tipos Especiales: any, unknown, never

TypeScript introduce algunos tipos especiales que permiten mayor flexibilidad o control en situaciones más avanzadas.

any

El tipo any permite que una variable almacene valores de cualquier tipo, sin que TypeScript realice verificaciones. Aunque puede ser útil en ciertos contextos, su uso debería limitarse porque elimina las ventajas del sistema de tipos:

```typescript
let dato: any = "Hola";
dato = 100;  // No genera error, aunque el tipo cambió de string a number
```

Consejo: Usa any solo cuando sea absolutamente necesario, ya que su uso extensivo puede llevar a errores difíciles de depurar.

unknown

El tipo unknown es similar a any, pero ofrece mayor seguridad. Una variable de tipo unknown puede contener cualquier valor, pero antes de usarla, TypeScript te obliga a realizar una verificación del tipo:

```typescript
let valorDesconocido: unknown = "Hola mundo";
if (typeof valorDesconocido === "string") {
  console.log(valorDesconocido.toUpperCase());  // Safe, es una cadena
}
```

Ventaja: unknown es más seguro que any porque te obliga a verificar el tipo antes de operar con la variable.

never

El tipo never representa valores que nunca ocurren. Se utiliza en funciones que nunca retornan, como aquellas que lanzan excepciones o entran en bucles infinitos:

```typescript
function lanzarError(mensaje: string): never {
  throw new Error(mensaje);
}
```

Las funciones con retorno never indican que no devuelven ningún valor y que interrumpen el flujo normal del programa.

Ejercicio 3: any vs unknown

Declara una variable de tipo unknown e implementa una lógica que verifique si es un string, number o boolean antes de realizar una operación con ella.

2.4. Tipos de Funciones

TypeScript ofrece soporte completo para definir los tipos de los parámetros y el valor de retorno de una función, lo que mejora la seguridad y la legibilidad del código.

Declaración de Tipos en Funciones

Puedes definir tanto los tipos de los parámetros como el tipo del valor de retorno:

```
function suma(a: number, b: number): number {
  return a + b;
}
```

TypeScript verificará que los argumentos pasados y el valor de retorno de la función coincidan con los tipos declarados.

Funciones como Tipos

También puedes declarar tipos para las funciones y luego asignarles funciones que cumplan con esa firma:

```
let multiplicar: (a: number, b: number) => number;
multiplicar = (a, b) => a * b;
```

Esto es útil para declarar variables que almacenan funciones, asegurando que siempre reciban los parámetros correctos y devuelvan un valor del tipo esperado.

Parámetros Opcionales y Valores por Defecto

Puedes hacer que algunos parámetros sean opcionales usando el signo ?. Si no se proporcionan, TypeScript asignará undefined por defecto:

```
function saludar(nombre: string, saludo?: string): string {
  return `${saludo || "Hola"}, ${nombre}`;
}
```

Además, puedes establecer valores por defecto para los parámetros:

```typescript
function despedir(nombre: string, mensaje: string = "Adiós"): string {
  return `${mensaje}, ${nombre}`;
}
```

Parámetros Rest

Los parámetros rest permiten a una función recibir un número variable de argumentos, que se agrupan en un array:

```typescript
function sumarTodos(...numeros: number[]): number {
  return numeros.reduce((acumulado, actual) => acumulado + actual, 0);
}
```

Esto es útil cuando no sabes de antemano cuántos argumentos se pasarán a la función.

Ejercicio 4: Funciones

Crea una función que acepte un número variable de argumentos y los sume. Permite también un segundo argumento que, si se proporciona, indique si se deben multiplicar los valores en lugar de sumarlos. Asegúrate de manejar la validación de tipos.

Conclusión:

En este módulo, hemos explorado los tipos básicos y la sintaxis de TypeScript, proporcionando una base sólida que permitirá escribir código más seguro y legible. Comprender los tipos primitivos, compuestos, especiales y las funciones es esencial para aprovechar al máximo las capacidades de TypeScript.

Con este conocimiento, los lectores estarán mejor equipados para abordar temas más avanzados como interfaces, clases y tipos genéricos en los próximos módulos.

Capítulo 3: Interfaces y Tipos Avanzados

Objetivo del Capítulo

Al finalizar este capítulo, los lectores serán capaces de definir y utilizar interfaces para estructurar datos complejos y aprovechar tipos avanzados en TypeScript, creando aplicaciones más robustas y mantenibles.

3.1. Introducción a las Interfaces

Las **interfaces** en TypeScript permiten definir la forma de un objeto, proporcionando una estructura clara y mejorando la legibilidad y la seguridad del código.

Definición de Interfaces

Se define una interfaz usando la palabra clave `interface`:

```
interface Persona {
  nombre: string;
  edad: number;
  esEstudiante?: boolean;  // Propiedad opcional
}
```

En este ejemplo, la propiedad `esEstudiante` es opcional, lo que significa que un objeto que implemente esta interfaz no necesita incluirla.

Uso de Interfaces

Para utilizar la interfaz, creamos un objeto que cumpla con su estructura:

```typescript
const juan: Persona = {
  nombre: "Juan",
  edad: 25,
  esEstudiante: true,
};

const maria: Persona = {
  nombre: "María",
  edad: 30,
  // esEstudiante no es obligatorio
};
```

Extender Interfaces

Podemos extender interfaces para crear nuevas estructuras:

```typescript
interface Trabajador extends Persona {
  puesto: string;
  salario: number;
}

const carlos: Trabajador = {
  nombre: "Carlos",
  edad: 40,
  puesto: "Ingeniero",
  salario: 50000,
};
```

Ejercicio 1: Crear una Interfaz

Crea una interfaz Vehiculo con propiedades marca, modelo y anio. Luego, implementa esta interfaz en un objeto que represente un coche específico.

3.2. Tipos Avanzados

Uniones de Tipos

Las uniones permiten que una variable tenga uno de varios tipos posibles:

```typescript
let id: number | string;
id = 123;        // Válido
id = "abc";      // También válido
```

Esto es útil para casos donde un valor puede tener múltiples tipos, como un ID que puede ser un número o una cadena.

Intersecciones de Tipos

Las intersecciones combinan múltiples tipos en uno solo:

```typescript
interface Usuario {
  nombre: string;
  email: string;
}

interface Admin {
  nivelAcceso: number;
}

type UsuarioAdmin = Usuario & Admin;

const admin: UsuarioAdmin = {
  nombre: "Ana",
  email: "ana@ejemplo.com",
  nivelAcceso: 1,
};
```

Ejercicio 2: Intersección de Tipos

Crea dos interfaces, `Estudiante` y `Curso`, y utiliza una intersección para definir una nueva interfaz `EstudianteCurso` que contenga propiedades de ambas.

3.3. Tipos Genéricos

Los tipos genéricos permiten crear componentes que pueden trabajar con diferentes tipos sin perder la información del tipo específico.

Definición de Funciones Genéricas

```typescript
function identidad<T>(valor: T): T {
  return valor;
}

const numero = identidad(123); // T es inferido como number
const texto = identidad("Hola"); // T es inferido como string
```

Las funciones genéricas son útiles cuando se necesita escribir una función que opere con múltiples tipos de datos.

Uso de Genéricos en Clases

```typescript
class Caja<T> {
  private contenido: T;

  constructor(contenido: T) {
    this.contenido = contenido;
  }

  obtenerContenido(): T {
    return this.contenido;
  }
}

const cajaNumero = new Caja<number>(123);
const cajaTexto = new Caja<string>("Hola");

console.log(cajaNumero.obtenerContenido()); // 123
console.log(cajaTexto.obtenerContenido()); // "Hola"
```

Genéricos en Interfaces

Las interfaces también pueden ser genéricas:

```typescript
interface Resultado<T> {
  datos: T;
  exito: boolean;
}

function manejarResultado<T>(resultado: Resultado<T>):
void {
  if (resultado.exito) {
    console.log("Datos:", resultado.datos);
  } else {
    console.log("Error al obtener los datos.");
  }
}

const resultadoUsuario: Resultado<Usuario> = { datos:
{ nombre: "Luis", email: "luis@ejemplo.com" }, exito:
true };
manejarResultado(resultadoUsuario);
```

Ejercicio 3: Clase Genérica

Crea una clase `Pila` que pueda almacenar elementos de cualquier tipo y que tenga métodos para agregar y quitar elementos.

3.4. Enums

Los **enums** (enumeraciones) permiten definir un conjunto de constantes relacionadas con un nombre, lo que mejora la legibilidad del código.

Definición de Enums

Se definen utilizando la palabra clave `enum`:

```typescript
enum Direccion {
  Norte,
  Sur,
  Este,
  Oeste,
}
```

Los valores son asignados automáticamente comenzando desde 0, pero se pueden personalizar.

Uso de Enums

Puedes utilizar el enum como cualquier otro tipo:

```typescript
let direccionActual: Direccion = Direccion.Norte;

if (direccionActual === Direccion.Norte) {
  console.log("Vas hacia el norte.");
}
```

Enums con Valores Personalizados

Puedes asignar valores específicos a los miembros del enum:

```typescript
enum Estado {
  Activo = "activo",
  Inactivo = "inactivo",
  Pendiente = "pendiente",
}

let estadoUsuario: Estado = Estado.Activo;

console.log(estadoUsuario); // "activo"
```

Ejemplo Avanzado de Enums

Imagina que estamos construyendo una aplicación de gestión de tareas:

```
enum Prioridad {
  Baja = 1,
  Media,
  Alta,
}

interface Tarea {
  titulo: string;
  descripcion: string;
  prioridad: Prioridad;
}

const tarea1: Tarea = {
  titulo: "Hacer la compra",
  descripcion: "Comprar frutas y verduras",
  prioridad: Prioridad.Alta,
};

console.log(`La tarea "${tarea1.titulo}" tiene prioridad ${tarea1.prioridad}.`); // "La tarea "Hacer la compra" tiene prioridad 3."
```

Ejercicio 4: Uso de Enums

Crea un enum llamado `Color` con valores como `Rojo`, `Verde` y `Azul`. Luego, crea una función que acepte un parámetro de tipo `Color` y devuelva un mensaje que indique el color seleccionado.

3.5. Uso de Módulos y Espacios de Nombres

Los **módulos** y **espacios de nombres** permiten organizar el código y evitar conflictos de nombres, facilitando la reutilización y la estructura del código.

Definición de Módulo

Para utilizar módulos, asegúrate de tener configurado el archivo `tsconfig.json` con "module": "commonjs" o "module": "esnext".

```typescript
// archivo: matematicas.ts
export function sumar(a: number, b: number): number {
  return a + b;
}

export function restar(a: number, b: number): number {
  return a - b;
}
```

Importación de Módulo

```typescript
// archivo: app.ts
import { sumar, restar } from './matematicas';

const suma = sumar(5, 10);
const diferencia = restar(10, 5);

console.log(`Suma: ${suma}`);           // Suma: 15
console.log(`Diferencia: ${diferencia}`); // Diferencia: 5
```

Espacios de Nombres

Los espacios de nombres se utilizan para agrupar código relacionado:

```typescript
namespace Utilidades {
  export function log(mensaje: string): void {
    console.log(mensaje);
  }
}

// Uso del espacio de nombres
Utilidades.log("Este es un mensaje de log.");
```

Ejemplo de Espacios de Nombres

Supongamos que tenemos varias utilidades matemáticas:

```typescript
namespace MathUtils {
  export function suma(a: number, b: number): number {
    return a + b;
  }

  export function resta(a: number, b: number): number {
    return a - b;
  }
}

// Uso del espacio de nombres
console.log(MathUtils.suma(3, 4));   // 7
console.log(MathUtils.resta(10, 5)); // 5
```

Ejercicio 5: Módulos y Espacios de Nombres

Crea un módulo llamado geometria.ts que contenga funciones para calcular el área y el perímetro de un rectángulo. Luego, importa y utiliza estas funciones en otro archivo.

Conclusión del Capítulo 3

En este capítulo, hemos explorado las interfaces, tipos avanzados, genéricos y enums en TypeScript. Comprender estas características es esencial para crear aplicaciones escalables y bien organizadas, permitiendo un código más legible y mantenible.

Capítulo 4: Programación Orientada a Objetos (OOP) en TypeScript

Objetivo del Capítulo

Al finalizar este capítulo, los lectores comprenderán los principios fundamentales de la programación orientada a objetos y cómo aplicarlos en TypeScript, utilizando clases, herencia, encapsulamiento, polimorfismo, clases abstractas y el uso de getters y setters.

4.1. Introducción a la Programación Orientada a Objetos

La programación orientada a objetos es un paradigma que organiza el software en "objetos". Cada objeto combina datos (atributos) y comportamientos (métodos), permitiendo a los desarrolladores modelar problemas de una manera más intuitiva y cercana a cómo percibimos el mundo real. Por ejemplo, al pensar en una clase como un plano, podemos imaginar que cada objeto creado a partir de este plano tiene características y acciones específicas.

Los principales beneficios de la OOP son:

- **Modularidad**: Los objetos encapsulan datos y comportamientos, lo que permite una mejor organización del código.

- **Reutilización**: Las clases y métodos pueden ser reutilizados en diferentes partes del código o en diferentes proyectos.
- **Mantenibilidad**: Al estar bien estructurado, es más fácil realizar cambios y mejoras en el código.

4.2. Clases y Objetos

En TypeScript, una clase se define usando la palabra clave `class`. Una clase actúa como un molde que describe un tipo particular de objeto. Por ejemplo, considera la clase Persona, que define propiedades como nombre y edad, y métodos como presentar.

Definición de una Clase

```typescript
class Persona {
  nombre: string;
  edad: number;

  constructor(nombre: string, edad: number) {
    this.nombre = nombre;
    this.edad = edad;
  }

  presentar(): string {
    return `Hola, soy ${this.nombre} y tengo ${this.edad} años.`;
  }
}
```

Cuando creamos un objeto a partir de esta clase, como juan, estamos instanciando un molde específico con características únicas.

Creación de Objetos

```typescript
const juan = new Persona("Juan", 30);
console.log(juan.presentar()); // "Hola, soy Juan y tengo 30 años."
```

4.3. Métodos Públicos y Privados

Los métodos en TypeScript también pueden ser definidos con modificadores de acceso. Los métodos públicos son accesibles desde cualquier parte del código, mientras que los métodos privados solo son accesibles dentro de la propia clase. Esto permite controlar el acceso a la lógica de la clase y mantener su integridad.

- **Métodos Públicos**: Son el tipo predeterminado de método y pueden ser llamados desde cualquier lugar donde la instancia de la clase esté accesible.
- **Métodos Privados**: Se definen usando la palabra clave `private` y no pueden ser llamados desde fuera de la clase.

Ejemplo de Métodos Públicos y Privados

```typescript
class CuentaBancaria {
  private saldo: number;

  constructor(saldoInicial: number) {
    this.saldo = saldoInicial;
  }

  public depositar(monto: number): void {
    this.saldo += monto;
  }

  public obtenerSaldo(): number {
    return this.saldo;
  }

  private registrarTransaccion(monto: number): void {
    console.log(`Transacción de ${monto} realizada.`);
  }
}

const cuenta = new CuentaBancaria(1000);
cuenta.depositar(500);
console.log(cuenta.obtenerSaldo()); // 1500
// cuenta.registrarTransaccion(500); // Error: Property
'registrarTransaccion' is private
```

4.4. Encapsulamiento

El encapsulamiento es el principio que restringe el acceso a algunos de los componentes de un objeto. Imagina que un objeto es como una caja que guarda información. En el caso de una cuenta bancaria, no quieres que cualquiera pueda ver tu saldo o hacer retiros sin autorización. En TypeScript, esto se logra mediante modificadores de acceso como private y protected.

4.5. Getters y Setters

Los getters y setters son métodos que permiten acceder y modificar propiedades privadas de una clase de manera controlada. Proporcionan una forma de encapsular la lógica de acceso a las propiedades, lo que puede ser útil para realizar validaciones o cálculos adicionales.

Uso de getters y Setters

```typescript
class Persona {
  private _nombre: string;
  private _edad: number;

  constructor(nombre: string, edad: number) {
    this._nombre = nombre;
    this._edad = edad;
  }

  get nombre(): string {
    return this._nombre;
  }

  set nombre(nuevoNombre: string) {
    this._nombre = nuevoNombre;
  }

  get edad(): number {
    return this._edad;
  }

  set edad(nuevaEdad: number) {
    if (nuevaEdad >= 0) {
      this._edad = nuevaEdad;
    } else {
      console.log("La edad no puede ser negativa.");
    }
  }

  presentar(): string {
    return `Hola, soy ${this._nombre} y tengo ${this._edad} años.`;
  }
}

const juan = new Persona("Juan", 30);
console.log(juan.presentar()); // "Hola, soy Juan y tengo 30 años."
juan.nombre = "Carlos";
```

```
juan.edad = -5; // "La edad no puede ser negativa."
console.log(juan.presentar()); // "Hola, soy Carlos y
tengo 30 años."
```

4.6. Herencia

La herencia permite que una clase (subclase) herede propiedades y métodos de otra clase (superclase), fomentando la reutilización del código. Piensa en una clase base `Animal` de la que pueden derivar clases como `Perro` y `Gato`. Ambas comparten características generales, pero pueden tener comportamientos específicos.

Definición de Herencia

```typescript
class Animal {
  protected nombre: string;

  constructor(nombre: string) {
    this.nombre = nombre;
  }

  hacerSonido(): void {
    console.log(`${this.nombre} hace un sonido.`);
  }
}

class Perro extends Animal {
  constructor(nombre: string, public raza: string) {
    super(nombre); // Llama al constructor de la clase base
    console.log(`${nombre} es un perro de raza ${raza}.`);
  }

  hacerSonido(): void {
    console.log(`${this.nombre} ladra.`);
  }

  presentar(): void {
    super.hacerSonido(); // Llamada al método de la superclase
  }
}

class Gato extends Animal {
  hacerSonido(): void {
    console.log(`${this.nombre} maulla.`);
  }

  presentar(): void {
    super.hacerSonido(); // Llamada al método de la superclase
  }
```

```typescript
}

const miPerro = new Perro("Rex", "Labrador");
const miGato = new Gato("Miau");

miPerro.presentar(); // "Rex hace un sonido." y "Rex
Ladra."
miGato.presentar(); // "Miau hace un sonido." y "Miau
maulla."
```

4.7. Sobrescritura del Constructor

En TypeScript, el constructor de una clase puede ser sobrescrito en una subclase. Al crear una subclase, puedes definir un nuevo constructor que llame al constructor de la clase base usando la palabra clave super(). Esto permite inicializar la parte de la clase base y luego agregar lógica adicional en el constructor de la subclase.

Ejemplo de Sobrescritura del Constructor

```typescript
class Animal {
  constructor(public nombre: string) {
    console.log(`${nombre} ha sido creado.`);
  }
}

class Perro extends Animal {
  constructor(nombre: string, public raza: string) {
    super(nombre); // Llama al constructor de la clase base
    console.log(`${nombre} es un perro de raza ${raza}.`);
  }
}

const miPerro = new Perro("Rex", "Labrador");
// Salida:
// "Rex ha sido creado."
// "Rex es un perro de raza Labrador."
```

4.8. Polimorfismo

El polimorfismo permite que diferentes objetos respondan de manera distinta a la misma acción. Esto significa que puedes usar la misma interfaz para distintos tipos de objetos, y cada uno de ellos implementará la acción de acuerdo con su propio comportamiento.

Ejemplo de Polimorfismo

```typescript
class Vehiculo {
  mover(): void {
    console.log("El vehículo se mueve.");
  }
}

class Coche extends Vehiculo {
  mover(): void {
    console.log("El coche se mueve por la carretera.");
  }
}

class Bicicleta extends Vehiculo {
  mover(): void {
    console.log("La bicicleta se mueve en dos ruedas.");
  }
}

const vehiculos: Vehiculo[] = [new Coche(), new Bicicleta()];

vehiculos.forEach(vehiculo => vehiculo.mover());
// Salida:
// "El coche se mueve por la carretera."
// "La bicicleta se mueve en dos ruedas."
```

4.9. Clases Abstractas

Las clases abstractas son clases que no pueden ser instanciadas directamente y se utilizan para definir un conjunto de métodos y propiedades que deben ser implementados por las subclases. Esto permite establecer un contrato que las subclases deben seguir, asegurando que ciertos métodos estén presentes.

Ejemplo de Clase Abstracta

```typescript
abstract class Animal {
  constructor(public nombre: string) {}

  abstract hacerSonido(): void; // Método abstracto

  presentar(): void {
    console.log(`Soy ${this.nombre}.`);
  }
}

class Perro extends Animal {
  hacerSonido(): void {
    console.log("Guau!");
  }
}

class Gato extends Animal {
  hacerSonido(): void {
    console.log("Miau!");
  }
}

const miPerro = new Perro("Rex");
const miGato = new Gato("Miau");

miPerro.presentar();    // "Soy Rex."
miPerro.hacerSonido();  // "Guau!"
miGato.presentar();     // "Soy Miau."
miGato.hacerSonido();   // "Miau!"
```

4.10. Ejemplo Completo: Sistema de Gestión de Usuarios

Aquí hay un ejemplo completo que combina varias de las características discutidas en este capítulo:

```typescript
interface IUsuario {
  nombre: string;
  edad: number;
  presentar(): string;
}

abstract class Usuario implements IUsuario {
  constructor(public nombre: string, public edad: number) {}

  abstract presentar(): string;
}

class Admin extends Usuario {
  presentar(): string {
    return `Admin: ${this.nombre}, Edad: ${this.edad}`;
  }
}

class UsuarioRegular extends Usuario {
  presentar(): string {
    return `Usuario: ${this.nombre}, Edad: ${this.edad}`;
  }
}

const usuarios: Usuario[] = [
  new Admin("Carlos", 35),
  new UsuarioRegular("Ana", 28),
];

usuarios.forEach(usuario =>
console.log(usuario.presentar()));
// Salida:
// "Admin: Carlos, Edad: 35"
// "Usuario: Ana, Edad: 28"
```

4.11. Consideraciones Finales sobre OOP en TypeScript

La programación orientada a objetos proporciona una forma poderosa de organizar y estructurar el código. A medida que los sistemas se vuelven más complejos, los principios de OOP facilitan la creación de aplicaciones más mantenibles y escalables.

- **Principio de Responsabilidad Única**: Cada clase debe tener una única responsabilidad.
- **Abierto/Cerrado**: Las clases deben estar abiertas para la extensión pero cerradas para la modificación.
- **Sustitución de Liskov**: Los objetos de una clase deben ser sustituibles por objetos de una clase base sin alterar el correcto funcionamiento del programa.
- **Segregación de Interfaces**: Las interfaces deben ser específicas para el cliente y no forzar a las clases a implementar métodos que no utilizan.
- **Inversión de Dependencias**: Las dependencias deben ser de abstracciones, no de concretos.

Conclusión del Capítulo 4

En este capítulo, hemos explorado los conceptos de programación orientada a objetos en TypeScript, incluyendo clases, métodos públicos y privados, encapsulamiento, getters y setters, herencia, polimorfismo, clases abstractas e interfaces. También discutimos la sobrescritura del constructor, que permite a las subclases personalizar su inicialización. Al pensar en términos de objetos y sus interacciones, los desarrolladores pueden crear sistemas más robustos y adaptables a cambios futuros.

Capítulo 5: Decoradores en TypeScript

Los **decoradores** son una característica avanzada de TypeScript que permite agregar meta-información a clases, métodos, propiedades y parámetros. Son similares a los patrones de anotación en otros lenguajes como Java o Python. Los decoradores proporcionan una manera estructurada de modificar el comportamiento de elementos en tiempo de compilación o ejecución.

En este capítulo, aprenderemos qué son los decoradores, cómo habilitarlos en TypeScript y cómo podemos utilizarlos en diferentes niveles de nuestras clases. Proporcionaremos ejemplos prácticos que demuestran su utilidad.

5.1. ¿Qué son los decoradores?

Los **decoradores** son funciones especiales que se aplican a clases, propiedades, métodos o parámetros para añadir o modificar comportamientos. Un decorador toma como argumento el elemento que está decorando, lo analiza o lo transforma según sea necesario.

El propósito de un decorador es permitir modificar la clase o sus miembros sin cambiar el código original directamente. Los decoradores son una herramienta potente en el desarrollo de aplicaciones que requieren meta-programación, como frameworks de inyección de dependencias, bibliotecas ORM (Object-Relational Mapping), y otras.

Ejemplo simple de un decorador

```typescript
function logClass(target: Function) {
  console.log(`Clase decorada: ${target.name}`);
}

@logClass
class MiClase {
  constructor() {
    console.log("Instancia creada");
  }
}

// Al instanciar la clase, se verá la salida en la
consola:
const instancia = new MiClase();
// Salida:
// Clase decorada: MiClase
// Instancia creada
```

En este ejemplo, el decorador `@logClass` toma la clase como argumento y registra su nombre en la consola.

5.2. Habilitar decoradores en TypeScript

Para utilizar decoradores en TypeScript, primero debemos habilitarlos en el archivo `tsconfig.json`. La opción `experimentalDecorators` debe estar activada:

```json
{
  "compilerOptions": {
    "target": "ES6",
    "experimentalDecorators": true
  }
}
```

La opción `emitDecoratorMetadata` también se puede habilitar para generar metadatos adicionales que algunos frameworks, como NestJS o TypeORM, requieren para trabajar correctamente con decoradores.

```json
{
  "compilerOptions": {
    "emitDecoratorMetadata": true
  }
}
```

5.3. Tipos de Decoradores

En TypeScript, hay cuatro tipos principales de decoradores:
- **Decoradores de Clase**
- **Decoradores de Método**
- **Decoradores de Propiedad**
- **Decoradores de Parámetro**

Veamos cada uno de estos en detalle.

5.3.1. Decoradores de Clase

Un decorador de clase se aplica directamente a la declaración de una clase. Toma el constructor de la clase como argumento y puede modificar o extender su comportamiento.

Ejemplo:

```typescript
function selloDeAprobacion(constructor: Function) {
  constructor.prototype.aprobado = true;
}

@selloDeAprobacion
class Producto {
  nombre: string;

  constructor(nombre: string) {
    this.nombre = nombre;
  }
}

const producto = new Producto("Cerveza Artesanal");
console.log(producto.aprobado); // true
```

En este caso, el decorador @selloDeAprobacion agrega una nueva propiedad aprobado a todas las instancias de la clase decorada.

5.3.2. Decoradores de Método

Los decoradores de método se aplican a funciones dentro de una clase. Se utilizan para modificar o extender el comportamiento de un método.

Ejemplo:

```typescript
function metodoConsola(target: any, propertyKey: string, descriptor: PropertyDescriptor) {
  const metodoOriginal = descriptor.value;

  descriptor.value = function(...args: any[]) {
    console.log(`Llamando al método ${propertyKey} con argumentos: ${args.join(", ")}`);
    return metodoOriginal.apply(this, args);
  };
}

class Calculadora {
  @metodoConsola
  sumar(a: number, b: number): number {
    return a + b;
  }
}

const calc = new Calculadora();
calc.sumar(2, 3);
// Salida: Llamando al método sumar con argumentos: 2, 3
```

Este decorador modifica el método sumar para que registre en consola los argumentos con los que se llama al método.

5.3.3. Decoradores de Propiedad

Los decoradores de propiedad se aplican a las propiedades de una clase. Pueden ser útiles para agregar validaciones, restricciones o realizar alguna transformación.

Ejemplo:

```typescript
function soloLectura(target: any, propertyKey: string) {
  const descriptor: PropertyDescriptor = {
    writable: false
  };
  return descriptor;
}

class Libro {
  @soloLectura
  titulo: string;

  constructor(titulo: string) {
    this.titulo = titulo;
  }
}

const miLibro = new Libro("El Señor de los Anillos");
miLibro.titulo = "Cambiar título"; // Error: no se puede
asignar a 'titulo' porque es una propiedad de solo
Lectura.
```

El decorador `@soloLectura` asegura que la propiedad `titulo` no pueda ser modificada después de ser inicializada.

5.3.4. Decoradores de Parámetro

Estos decoradores se utilizan para agregar metadatos sobre los parámetros de los métodos de una clase. Se pueden utilizar para validar los valores de los parámetros o inyectar dependencias.

Ejemplo:

```typescript
function logParametro(target: any, propertyKey: string,
parameterIndex: number) {
  console.log(`El parámetro en posición $
{parameterIndex} es decorado en el método ${propertyKey}
`);
}

class Usuario {
  login(@logParametro nombre: string, @logParametro
clave: string) {
    console.log("Login ejecutado");
  }
}

const usuario = new Usuario();
usuario.login("Juan", "1234");
// Salida:
// El parámetro en posición 0 es decorado en el método
Login
// El parámetro en posición 1 es decorado en el método
Login
```

5.4. Ejemplos prácticos de uso de decoradores

Los decoradores son comúnmente usados en marcos de trabajo como **NestJS** o **TypeORM**. Un ejemplo práctico puede ser un decorador que verifica si el usuario tiene permisos para acceder a un método:

```typescript
function requierePermiso(permiso: string) {
  return function(target: any, propertyKey: string,
descriptor: PropertyDescriptor) {
    const metodoOriginal = descriptor.value;
    descriptor.value = function(...args: any[]) {
      const tienePermiso =
verificarPermisoUsuario(permiso);
      if (tienePermiso) {
        return metodoOriginal.apply(this, args);
      } else {
        console.log("Acceso denegado");
        return null;
      }
    };
  };
}

class Servicio {
  @requierePermiso("admin")
  ejecutarTarea() {
    console.log("Tarea ejecutada");
  }
}

const servicio = new Servicio();
servicio.ejecutarTarea(); // "Acceso denegado" si el
usuario no tiene el permiso "admin".
```

En este ejemplo, el método `ejecutarTarea` solo se ejecuta si el usuario tiene los permisos necesarios.

5.5. Composición de decoradores

Puedes aplicar varios decoradores a un mismo elemento. Los decoradores se ejecutan en el orden inverso a como son declarados.

```typescript
function decorador1() {
  return function(target: any, propertyKey: string, descriptor: PropertyDescriptor) {
    console.log("Decorador 1 ejecutado");
  };
}

function decorador2() {
  return function(target: any, propertyKey: string, descriptor: PropertyDescriptor) {
    console.log("Decorador 2 ejecutado");
  };
}

class Ejemplo {
  @decorador1()
  @decorador2()
  metodo() {}
}

const e = new Ejemplo();
e.metodo();
// Salida:
// Decorador 2 ejecutado
// Decorador 1 ejecutado
```

5.6. Consideraciones de rendimiento y mejores prácticas

Al usar decoradores, es importante tener en cuenta que, aunque proporcionan una forma poderosa de modificar el comportamiento de las clases, también pueden tener un impacto en el rendimiento si se abusa de ellos. Algunas mejores prácticas incluyen:

- Usar decoradores solo cuando sea necesario, y evitar la sobrecarga de lógica en los mismos.

- Asegurarse de que los decoradores no modifiquen el estado global o creen efectos secundarios inesperados.
- Utilizar decoradores de manera declarativa para mantener la claridad del código.

Este capítulo cubre los conceptos fundamentales y avanzados de decoradores en TypeScript, proporcionando ejemplos prácticos y casos de uso comunes. Si deseas más detalles o tienes algún punto en mente para mejorar, ¡házmelo saber!

TypeScript Essentials

Capítulo 6: Manejo de Errores y Configuración en TypeScript

En cualquier aplicación, es crucial poder manejar errores de manera efectiva para garantizar la estabilidad y el control sobre el flujo de la aplicación. TypeScript, al ser un superset de JavaScript, hereda los mecanismos de manejo de errores de este último, pero agrega varias ventajas gracias a su sistema de tipos. Además, TypeScript permite una amplia personalización de la compilación a través del archivo `tsconfig.json`, que proporciona múltiples opciones para adaptar la compilación y el entorno de desarrollo.

En este capítulo, abordaremos dos aspectos fundamentales para el desarrollo con TypeScript: el manejo de errores y la configuración avanzada del archivo `tsconfig.json`.

6.1. Manejo de Errores en TypeScript

El manejo de errores en TypeScript se basa en el mismo sistema que utiliza JavaScript, es decir, a través de bloques `try...catch`. Sin embargo, TypeScript ofrece la posibilidad de gestionar estos errores con mayor precisión mediante su sistema de tipos estáticos.

6.1.1. Manejo básico de errores con `try...catch`

Un ejemplo básico de manejo de errores en TypeScript sería el siguiente:

```
function dividir(a: number, b: number): number {
  if (b === 0) {
    throw new Error("No se puede dividir entre cero");
  }
  return a / b;
}

try {
  console.log(dividir(10, 0)); // Lanza un error
} catch (error) {
  console.log("Se produjo un error: " + (error as
Error).message);
}
```

Este es un manejo típico de errores con try...catch, pero al tener tipos estáticos, podemos beneficiarnos de una mejor predicción y control de los errores en tiempo de compilación. Aquí, usamos el operador as para indicar explícitamente que error es del tipo Error.

6.1.2. Tipos personalizados de errores

TypeScript nos permite crear nuestros propios tipos de errores, lo que facilita la creación de jerarquías de errores y su manejo en aplicaciones más complejas.

```typescript
class DivisionPorCeroError extends Error {
  constructor() {
    super("No se puede dividir entre cero");
    this.name = "DivisionPorCeroError";
  }
}

function dividirSeguro(a: number, b: number): number {
  if (b === 0) {
    throw new DivisionPorCeroError();
  }
  return a / b;
}

try {
  console.log(dividirSeguro(10, 0)); // Lanza DivisionPorCeroError
} catch (error) {
  if (error instanceof DivisionPorCeroError) {
    console.error("Error de división: " + error.message);
  } else {
    console.error("Error desconocido");
  }
}
```

Este enfoque es útil cuando necesitas diferenciar entre varios tipos de errores y aplicar lógica diferente según el tipo de error.

6.1.3. Errores en Promesas y código asíncrono

El manejo de errores en funciones asíncronas también se simplifica con `async/await`. TypeScript permite que la función `await` devuelva un valor con el tipo correcto, lo que facilita la gestión de errores.

```typescript
async function fetchData(url: string): Promise<any> {
  try {
    const response = await fetch(url);
    if (!response.ok) {
      throw new Error("Error en la solicitud: " + response.status);
    }
    return await response.json();
  } catch (error) {
    console.error("Error capturado: " + (error as Error).message);
  }
}

fetchData("https://api.fakeurl.com/data")
  .then((data) => console.log(data))
  .catch((error) => console.error(error));
```

En este ejemplo, el bloque `try...catch` dentro de la función asíncrona captura cualquier error que ocurra durante la ejecución de `fetch`, incluyendo errores de red o errores del servidor.

6.2. Configuración con `tsconfig.json`

El archivo `tsconfig.json` es el archivo de configuración de TypeScript, y es esencial para definir cómo el compilador debe comportarse y cómo se deben compilar los archivos TypeScript.

6.2.1. Estructura básica del archivo `tsconfig.json`

Un archivo `tsconfig.json` básico podría tener el siguiente formato:

```json
{
  "compilerOptions": {
    "target": "es6",                              // Especifica la versión de ECMAScript
    "module": "commonjs",                         // Define el sistema de módulos
    "strict": true,                               // Habilita el modo estricto de comprobación de tipos
    "outDir": "./dist",                           // Define el directorio de salida para los archivos compilados
    "rootDir": "./src",                           // Define el directorio raíz de los archivos fuente
    "esModuleInterop": true,                      // Habilita la interoperabilidad con módulos ES
    "skipLibCheck": true,                         // Omitir la verificación de tipos en archivos de declaración
    "forceConsistentCasingInFileNames": true      // Fuerza el uso de nombres de archivo consistentes
  },
  "include": ["src/**/*"],
  "exclude": ["node_modules"]
}
```

6.2.2. Opciones comunes en `tsconfig.json`

- **target**: Define a qué versión de ECMAScript se debe compilar el código. Puede ser `es5`, `es6`, `esnext`, etc. Especificar un `target` más moderno puede permitir que el código aproveche las nuevas características de JavaScript.

  `"target": "es6"`

- **module**: Especifica el sistema de módulos. Puede ser `commonjs`, `esnext`, `amd`, `umd`, entre otros. La opción más común para Node.js es `commonjs`, mientras que para navegadores modernos es `esnext`.

  `"module": "commonjs"`

- **strict**: Habilita todas las verificaciones estrictas de TypeScript, como la comprobación estricta de nulos, el tipado estricto de parámetros de funciones y otros.

```
"strict": true
```
- **esModuleInterop**: Permite la interoperabilidad con módulos ECMAScript, haciendo más fácil trabajar con paquetes que exportan mediante `default`.
```
"esModuleInterop": true
```
- **noImplicitAny**: Impide el uso implícito de any. Si no se especifica el tipo, el compilador arrojará un error.
```
"noImplicitAny": true
```
- **skipLibCheck**: Omitir la verificación de tipos en archivos de declaración de bibliotecas externas. Es útil para reducir el tiempo de compilación.
```
"skipLibCheck": true
```

6.2.3. Combinando opciones avanzadas

Podemos crear un `tsconfig.json` más avanzado combinando diferentes opciones. Por ejemplo, podemos forzar el uso de alias de ruta, habilitar decoradores y asegurarnos de que los nombres de archivo sigan un formato consistente:

```
{
  "compilerOptions": {
    "target": "es6",
    "module": "commonjs",
    "strict": true,
    "baseUrl": "./",
    "paths": {
      "@models/*": ["src/models/*"],
      "@controllers/*": ["src/controllers/*"]
    },
    "experimentalDecorators": true,
    "emitDecoratorMetadata": true,
    "forceConsistentCasingInFileNames": true,
    "outDir": "./dist",
    "rootDir": "./src"
  },
  "include": ["src/**/*"],
  "exclude": ["node_modules"]
}
```

6.2.4. Modo estricto en TypeScript

El **modo estricto** (`strict`) de TypeScript es una característica poderosa que asegura un chequeo más riguroso de tipos, mejorando la calidad del código y ayudando a prevenir errores en tiempo de compilación. Al habilitar `strict`, automáticamente se activan una serie de subopciones:

- `noImplicitAny`: Previene la asignación implícita de tipos any.
- `strictNullChecks`: Evita que valores `null` o `undefined` se asignen a variables de otros tipos.
- `strictFunctionTypes`: Realiza verificaciones estrictas en los tipos de funciones.
- `strictBindCallApply`: Verifica correctamente los tipos de `bind`, `call` y `apply`.
- `strictPropertyInitialization`: Asegura que las propiedades de las clases se inicialicen adecuadamente.

Activar el modo estricto es una de las mejores prácticas más recomendadas, ya que reduce las posibilidades de errores en tiempo de ejecución.

```
"strict": true
```

6.3. Debugging en TypeScript

El proceso de depuración en TypeScript no es muy diferente del que usamos en JavaScript. Sin embargo, gracias al soporte para **source maps**, podemos depurar nuestro código TypeScript directamente en los navegadores o en entornos como **Node.js** y **Visual Studio Code**.

6.3.1. Uso de Source Maps

Los **source maps** permiten que las herramientas de depuración (como Chrome DevTools o Visual Studio Code) muestren el código TypeScript original en lugar del JavaScript compilado.

Para habilitar los **source maps**, basta con añadir la opción sourceMap en el archivo `tsconfig.json`:

```
{
  "compilerOptions": {
    "sourceMap": true
  }
}
```

Esto generará un archivo `.map` junto con el archivo JavaScript compilado, que mapea las líneas del archivo JS a las correspondientes en el archivo TS.

6.3.2. Depuración en Visual Studio Code

Visual Studio Code ofrece un excelente soporte para la depuración de TypeScript. Siguiendo estos pasos básicos, puedes configurar un entorno de depuración:

- Asegúrate de que `sourceMap` esté habilitado en el archivo `tsconfig.json`.
- Abre tu proyecto en Visual Studio Code.
- Ve a la pestaña de "Run and Debug" (Correr y depurar) y selecciona "Node.js".
- Establece puntos de ruptura en tus archivos `.ts`.
- Inicia la depuración.

Con esto concluye el Capítulo 6 sobre el manejo de errores y configuración en TypeScript. Hemos cubierto aspectos esenciales sobre cómo mejorar el control de errores, personalizar la compilación de TypeScript y aprovechar las herramientas de depuración para optimizar el desarrollo.

Capítulo 7: Integración de TypeScript con Next.js y Prisma utilizando App Router

La combinación de **TypeScript**, **Next.js** y **Prisma** permite construir aplicaciones web robustas y escalables. En este capítulo, aprenderemos a integrar estos tres componentes utilizando el **App Router** de Next.js, lo que nos permitirá crear APIs eficientes y mantener un código bien tipado.

7.1. Creación de una API con Next.js y TypeScript

Con el **App Router** de Next.js, puedes crear una API de manera sencilla y organizada. Las rutas se definen en la carpeta app/api, donde cada archivo puede exportar funciones para manejar diferentes tipos de peticiones HTTP.

Ejemplo de API GET:

- Crea un archivo llamado route.ts en app/api/usuarios/.

```ts
// app/api/usuarios/route.ts
import { NextResponse } from 'next/server';

export async function GET() {
  const usuarios = [
    { id: 1, nombre: "Juan" },
    { id: 2, nombre: "María" },
  ];

  return NextResponse.json(usuarios);
}
```

En este ejemplo, hemos creado un endpoint que devuelve una lista de usuarios en formato JSON.

Ejemplo de API POST:

```ts
// app/api/usuarios/route.ts
import { NextResponse } from 'next/server';

export async function POST(request: Request) {
  const data = await request.json();
  const nuevoUsuario = {
    id: Date.now(),
    ...data,
  };

  return NextResponse.json(nuevoUsuario);
}
```

Aquí, aceptamos un **POST** que recibe datos JSON y crea un nuevo usuario.

7.2. Tipado de datos en Next.js

TypeScript permite tipar los datos que manejamos en Next.js, lo que mejora la seguridad del código. Vamos a definir un tipo para nuestros usuarios.

Definición de Tipo:

```ts
interface Usuario {
  id: number;
  nombre: string;
}
```

Uso del Tipo en la API:

```typescript
export async function GET() {
  const usuarios: Usuario[] = [
    { id: 1, nombre: "Juan" },
    { id: 2, nombre: "María" },
  ];

  return NextResponse.json(usuarios);
}
```

Esto garantiza que la respuesta de nuestra API será un array de objetos del tipo `Usuario`.

7.3. Configuración de Prisma en un Proyecto TypeScript

Prisma es un ORM que facilita la interacción con bases de datos. Para usarlo en Next.js con TypeScript, debemos configurarlo adecuadamente.

Pasos de Configuración:

- **Instalación**:
  ```
  npm install prisma @prisma/client
  npx prisma init
  ```
- **Configura la base de datos en `.env`**:
  ```
  DATABASE_URL="postgresql://user:password@localhost:5432/mi_base_de_datos"
  ```
- **Define el esquema Prisma** en `prisma/schema.prisma`:

```
datasource db {
  provider = "postgresql"
  url      = env("DATABASE_URL")
}

generator client {
  provider = "prisma-client-js"
}

model Usuario {
  id      Int      @id @default(autoincrement())
  nombre  String
  email   String   @unique
}
```

- **Ejecuta la migración**:
```
npx prisma migrate dev --name init
```

7.4. Definición de Modelos en Prisma con TypeScript

Prisma genera automáticamente un cliente que podemos utilizar para interactuar con nuestra base de datos.

Ejemplo de Uso del Cliente Prisma:

```
import { PrismaClient } from '@prisma/client';

const prisma = new PrismaClient();

export async function obtenerUsuarios() {
  return await prisma.usuario.findMany();
}
```

Con esta función, podemos obtener todos los usuarios de la base de datos, asegurando que el resultado esté correctamente tipado.

7.5. Ejecución de Consultas Tipadas en Prisma

Prisma proporciona un acceso seguro a los datos mediante consultas tipadas. Esto significa que cualquier error de tipo se detectará en tiempo de compilación.

Consulta con Prisma:

```typescript
export async function obtenerUsuarioPorId(id: number) {
  return await prisma.usuario.findUnique({ where: { id }
});
}
```

TypeScript garantiza que el resultado de esta función será del tipo `Usuario | null`, lo que nos obliga a manejar ambos casos en nuestro código.

7.6. Operaciones CRUD con Prisma

Para completar nuestra API, implementaremos las operaciones CRUD (Crear, Leer, Actualizar, Eliminar) para manejar usuarios.

Paso 1: Crear Endpoints CRUD

Crea el archivo `route.ts` en `app/api/usuarios/`.

GET - Obtener todos los usuarios:

```typescript
// app/api/usuarios/route.ts
import { NextResponse } from 'next/server';
import { PrismaClient } from '@prisma/client';

const prisma = new PrismaClient();

export async function GET() {
  const usuarios = await prisma.usuario.findMany();
  return NextResponse.json(usuarios);
}
```

POST - Crear un nuevo usuario:

```typescript
// app/api/usuarios/route.ts
export async function POST(request: Request) {
  const data = await request.json();
  const nuevoUsuario = await prisma.usuario.create({ data });
  return NextResponse.json(nuevoUsuario);
}
```

PUT - Actualizar un usuario:

```typescript
// app/api/usuarios/[id]/route.ts
import { NextResponse } from 'next/server';
import { PrismaClient } from '@prisma/client';

const prisma = new PrismaClient();

export async function PUT(request: Request, { params }:
{ params: { id: string } }) {
  const data = await request.json();
  const usuarioActualizado = await prisma.usuario.update({
    where: { id: parseInt(params.id) },
    data,
  });

  return NextResponse.json(usuarioActualizado);
}
```

DELETE - Eliminar un usuario:

```ts
// app/api/usuarios/[id]/route.ts
import { NextResponse } from 'next/server';
import { PrismaClient } from '@prisma/client';

const prisma = new PrismaClient();

export async function DELETE({ params }: { params: { id: string } }) {
  await prisma.usuario.delete({
    where: { id: parseInt(params.id) },
  });

  return NextResponse.json({ message: 'Usuario eliminado' });
}
```

Conclusión del Capítulo

En este capítulo, hemos aprendido a integrar **TypeScript**, **Next.js** y **Prisma** utilizando el **App Router**. Hemos creado una API REST completa que maneja operaciones CRUD para usuarios, asegurando que cada parte de nuestra aplicación esté tipada y sea fácil de mantener. Esta integración no solo mejora la productividad del desarrollo, sino que también garantiza la seguridad y la escalabilidad de nuestras aplicaciones.

TypeScript Essentials

Capítulo 8: TypeScript en React

8.1. Introducción a TypeScript en React

React 18 introduce mejoras en la forma en que construimos aplicaciones, y TypeScript potencia esta experiencia al ofrecer tipado estático. Esto ayuda a detectar errores en tiempo de desarrollo y proporciona autocompletado y documentación contextual en tu IDE.

8.2. Configuración del Proyecto

Para comenzar a usar TypeScript con React, puedes crear un nuevo proyecto utilizando Create React App:

```
npx create-react-app my-app --template typescript
```

Esto configurará un nuevo proyecto de React con TypeScript preinstalado.

8.3. Tipado de Componentes

En React, puedes definir componentes utilizando funciones o clases. A continuación, se muestra cómo tipar un componente funcional:

```tsx
import React from 'react';

interface GreetingProps {
  name: string;
}

const Greeting: React.FC<GreetingProps> = ({ name }) => {
  return <h1>Hello, {name}!</h1>;
};

export default Greeting;
```

8.4. Estado y Props Tipados

Puedes tipar tanto el estado como las props en componentes de clase y funcionales. Aquí tienes un ejemplo utilizando hooks:

```tsx
import React, { useState } from 'react';

const Counter: React.FC = () => {
  const [count, setCount] = useState<number>(0);

  return (
    <div>
      <p>You clicked {count} times</p>
      <button onClick={() => setCount(count + 1)}>Click me</button>
    </div>
  );
};

export default Counter;
```

8.5. Manejo de Eventos

El manejo de eventos en TypeScript es similar al de JavaScript, pero puedes tipar los eventos para mayor claridad:

```
const Button: React.FC = () => {
  const handleClick = (event: React.MouseEvent<HTMLButtonElement>) => {
    console.log('Button clicked!', event);
  };

  return <button onClick={handleClick}>Click me</button>;
};
```

8.6. Ejemplo Práctico: Formulario con Varios Campos

A continuación, un ejemplo de formulario que recopila información del usuario utilizando diferentes tipos de campos. Este formulario incluye campos de texto, fecha y número:

TypeScript Essentials

```typescript
import React, { useState } from 'react';

// Definimos la interfaz para los datos del formulario
interface FormData {
  name: string;
  email: string;
  birthDate: string;
  age: number | '';
}

const UserForm: React.FC = () => {
  const [formData, setFormData] = useState<FormData>({
    name: '',
    email: '',
    birthDate: '',
    age: '',
  });

  // Handler para los cambios en los campos del formulario
  const handleChange = (event: React.ChangeEvent<HTMLInputElement>) => {
    const { name, value } = event.target;
    setFormData((prev) => ({ ...prev, [name]: value }));
  };

  // Handler para el envío del formulario
  const handleSubmit = async (event: React.FormEvent<HTMLFormElement>) => {
    event.preventDefault();
    console.log('Form Data:', formData);
    // Aquí puedes agregar la lógica para enviar los datos a la API
  };

  return (
    <form onSubmit={handleSubmit}>
      <div>
        <label>
          Name:
```

```jsx
      <input
        type="text"
        name="name"
        value={formData.name}
        onChange={handleChange}
        required
      />
    </label>
  </div>
  <div>
    <label>
      Email:
      <input
        type="email"
        name="email"
        value={formData.email}
        onChange={handleChange}
        required
      />
    </label>
  </div>
  <div>
    <label>
      Birth Date:
      <input
        type="date"
        name="birthDate"
        value={formData.birthDate}
        onChange={handleChange}
        required
      />
    </label>
  </div>
  <div>
    <label>
      Age:
      <input
        type="number"
        name="age"
        value={formData.age}
        onChange={handleChange}
```

```
            required
            min={1}
        />
      </label>
    </div>
    <button type="submit">Submit</button>
  </form>
  );
};

export default UserForm;
```

Conclusión

En este capítulo, hemos explorado cómo utilizar TypeScript en React 18, incluyendo la configuración del proyecto, tipado de componentes, manejo de estado y eventos, y la creación de un formulario interactivo. Estas prácticas mejoran la calidad y mantenibilidad del código en tus aplicaciones React.

TypeScript Essentials

www.ingramcontent.com/pod-product-compliance
Lightning Source LLC
Chambersburg PA
CBHW070347230526
45471CB00006B/2451